SWOT-АНАЛІЗ

Важливий інструмент для розробки бізнес-стратегій

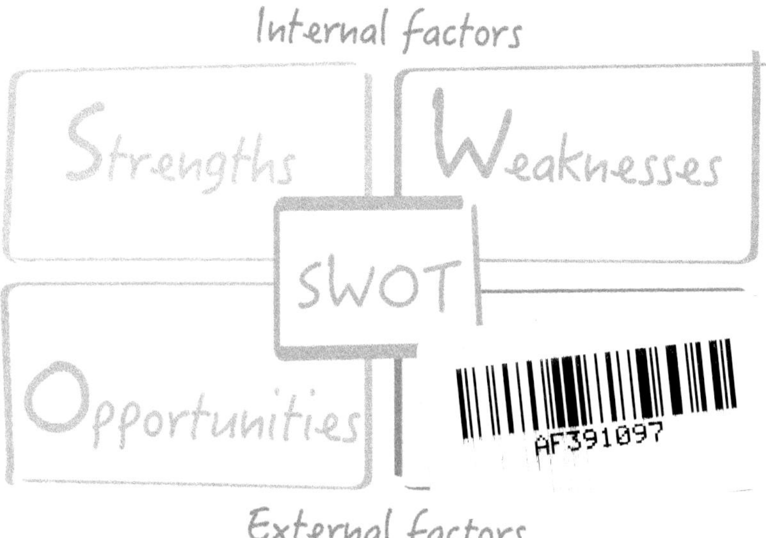

SWOT-АНАЛІЗ

Важливий інструмент для розробки бізнес-стратегій

написаний Christophe Speth
перекладено Yaroslav Melnik

SWOT-АНАЛІЗ

КЛЮЧОВА ІНФОРМАЦІЯ

- **Назва:** SWOT-аналіз або метод SWOT є абревіатурою термінів Strengths, Weaknesses, Opportunities and Threats (Сильні та слабкі сторони, можливості та загрози).

- **Застосування:** ця модель дозволяє організаціям (підприємствам, органам державного управління або асоціаціям) швидко визначити як внутрішні фактори, пов'язані з внутрішнім функціонуванням, так і зовнішні фактори, що залежать від середовища, в якому вона розвивається. SWOT-аналіз використовується як інструмент прийняття рішень та для сприяння розробці стратегічних планів.

- **Чому він є успішним?** Сила SWOT-аналізу полягає в його простоті. Крім того, що його легко використовувати, він також збирає результати, які можна легко донести до громадськості.

- **Ключові слова:**

  - <u>Зовнішній фактор</u>: елемент, на який організація не може впливати, пов'язаний із середовищем, в якому вона розвивається.

  - <u>Внутрішній фактор</u>: елемент, на який організація може впливати або змінювати його.

  - <u>Сильні сторони</u>: внутрішні фактори бізнесу, які посилюють його конкурентну позицію.

- Слабкі сторони: внутрішні фактори, які послаблюють конкурентну позицію організації.

- Можливості – зовнішні фактори, які можуть позитивно вплинути на конкурентну позицію організації.

- Загрози: зовнішні фактори, що негативно впливають на зовнішнє середовище організації.

ВСТУП

Історія

SWOT-аналіз бере свій початок з публікації *"Бізнес-політика: Текст і кейси"* (1965), створеної чотирма професорами Гарвардського університету – Едмундом Філіпом Ловедом (1900-1991), Роландом Крісом Крістенсеном (1919-1999), Кеннетом Річмондом Ендрюсом (1916-2005) і Вільямом Д. Гутом. Цей метод є однією з перших моделей, що враховує зовнішнє середовище організації. До цього моделі стратегій обмежувалися стратегічним плануванням, не беручи до уваги навколишнє середовище.

На сьогоднішній день SWOT-аналіз в основному використовується в рамках маркетингових відділів великого бізнесу. Багато малих та середніх підприємств також використовують його як інструмент прийняття рішень.

Ряд консалтингових фірм також використовують SWOT-аналіз, оскільки він дозволяє їм швидко проаналізувати ситуацію і представити її своїм клієнтам схематично і більш просто. Інші компанії, такі як McKinsey та BCG, мають власні моделі аналізу.

Визначення

SWOT-аналіз є багатовимірним інструментом стратегічного аналізу:

- визначає внутрішні фактори організації (сильні та слабкі сторони) та її зовнішні фактори, пов'язані з її оточенням (слабкі сторони та загрози);

- Він також дозволяє організаціям визначити пріоритетність факторів з точки зору очікуваного впливу, незалежно від того, чи є вони позитивними (сильні сторони та можливості) або негативними (слабкі сторони та загрози).

SWOT-аналіз не має власної цінності, якщо він не використовується в стратегічних цілях.

ТЕОРІЯ

SWOT-аналіз досліджує поточну ситуацію в організації на певний момент часу в перспективному, а не ретроспективному плані. Він також аналізує структуру, маючи на увазі майбутні перспективи. Водночас SWOT-аналіз фокусується на внутрішньому функціонуванні (сильних і слабких сторонах) і на зовнішньому середовищі (можливостях і загрозах) організації.

- **Сильні сторони –** це елементи організації, які позитивно впливають на її розвиток та конкурентну позицію. Загалом, сильні сторони вважаються особливо важливими, оскільки вони не характеризують конкуренцію. SWOT-аналіз визначає конкурентні переваги, які має компанія перед своїми конкурентами.

- **Слабкі сторони** також пов'язані з внутрішнім функціонуванням організації, але вони, як правило, мають негативний вплив на її розвиток та конкурентну позицію. Здатність чітко ідентифікувати внутрішні слабкі сторони організації є життєво важливою: це дозволяє вдосконалити відповідні питання та переорієнтувати роботу таким чином, щоб зробити їх менш вразливими.

- **Можливості** організації залежать від **можливостей,** наявних у зовнішньому середовищі. Вони можуть бути використані для покращення прогресу та конкурентної позиції. Як тільки це буде зроблено, вони можуть стати силами, що позитивно впливають на розвиток організації.

- **Загрози** також походять із зовнішнього середовища організації. Їх виявлення часто є результатом традиційної стратегічної роботи. Якщо вони виявляються вчасно, загрози можна краще передбачити і зменшити їх вплив на результати діяльності (і навпаки).

Іноді загрози можуть стати сильними сторонами. Так само і можливості можуть стати слабкими сторонами. Фактично, враховуючи те, що організація розвивається не лише у своєму середовищі, її майбутнє також залежить від рішень, прийнятих конкурентами.

ФАКТОРИ, ЩО ВПЛИВАЮТЬ НА ЕВОЛЮЦІЮ ОРГАНІЗАЦІЇ

З точки зору внутрішнього функціонування, для визначення сильних і слабких сторін організації необхідно враховувати багато характеристик, в тому числі, сильні та слабкі сторони організації:

- **Конкурентоспроможність за витратами**. Одним з перших аспектів, які роблять бізнес конкурентоспроможним, є його здатність утримувати витрати на низькому рівні. Для того, щоб управляти витратами, він повинен уважно стежити за ефективністю технології виробництва (чи можна виробляти більше, використовуючи менше?), а також за розподілом ресурсів (чи варто замінювати капітал працею?). Може виникнути конфлікт між конкурентоспроможністю за витратами та захистом працівників. Наприклад, якщо нижчі соціальні та екологічні стандарти можуть зменшити витрати, це не означає, що вони не матимуть (негативного) впливу на працівників.

- **Мережа та дистриб'юторські потужності.** Чи має структура компанії ефективну дистриб'юторську мережу? Зокрема, чи гарантує вона хороший сервіс доставки (високий відсоток продукції, що прибуває вчасно, низький відсоток поломок, низький відсоток помилок тощо)?)? Чи вдається раціоналізувати витрати на дистрибуцію (достатньо низькі світові витрати на зберігання і транспортування товарів)? Можливим компромісом між якістю продукції, часом доставки та витратами на дистрибуцію є зниження рівня запасів. Ця стратегія базується на зростаючому використанні нових інформаційних технологій і комунікацій (НІКТ). Це означає, що компанія виробляє продукт після того, як його замовив клієнт, і доставляє його в найкоротші терміни завдяки ефективній дистриб'юторській мережі.

- **Продажі та маркетинг.** Відділ маркетингу також відіграє вирішальну роль в успіху компанії. Чи здатен він передбачити потреби клієнтів? Чи здатен він запускати рекламні кампанії для залучення клієнтів? Хороша маркетингова стратегія є незаперечною силою для будь-якої компанії.

- **Фінансові ресурси.** Достатня фінансова стабільність є справжнім активом для організації. Фактично, здатність підвищувати ліквідність відіграє важливу роль, оскільки це необхідно для запуску будь-якого проекту з розширення.

- **Людські ресурси.** Управління людськими ресурсами — це аспект, яким часто нехтують компанії, державні адміністрації та асоціації. Тим не менш, важливо, щоб кожна структура володіла певними ключовими навичками. Для організації може бути краще витратити більше часу на пошук відповідної людини, ніж поспішно наймати кандидата, який не відповідає посаді. У більш загальному сенсі, компаніям важливо налагодити систему комунікації, яка дозволяє підтримувати оптимальні робочі відносини між колегами.

- **Інноваційна політика.** На більш стратегічному рівні і в нашій власній економіці все більше компаній – і університетів – намагаються запатентувати ту кількість інновацій, на яку вони здатні. Володіння патентами повинно йти пліч-о-пліч зі стратегічним баченням, дозволяючи власникам представити корисність і цінність своїх інновацій. Вони також мають вплив при веденні переговорів про використання запатентованої продукції з іншими компаніями.

Що стосується зовнішнього середовища, то на можливості та загрози, з якими стикається організація, впливають багато факторів, у тому числі:

- **Економічний клімат.** Наявність або відсутність сильного економічного зростання, безумовно, впливає на становище різних організацій. Надійна економічна діяльність дозволяє компанії прискорити своє зростання. Аналогічно, компанія, що перебуває у скрутному становищі і втрачає свою частку на ринку, іноді може уникнути банкрутства в період швидкого економічного зростання, оскільки зростання може частково компенсувати слабкі сторони компанії. Можна припустити протилежний результат у випадку економічного спаду.

- **Глобальні споживчі тренди.** Ще один аспект, який не повинен залишатися поза увагою компаній, – це розвиток потреб споживачів. Якщо ціннісна пропозиція відповідає новим потребам, прогрес є позитивним. Якщо ж потреби віддаляються від ціннісної пропозиції, прогрес є негативним. Щоб уникнути цього, відділ маркетингу може спробувати передбачити зміни, використовуючи різні інструменти, такі як життєвий цикл продукту, який деталізує різні фази продукту (розробка, запуск, зростання, зрілість і занепад).

- **Конкурентне середовище.** Еволюція конкурентного середовища також відіграє ключову роль. Найбільші, найефективніші компанії або ті, що з більшою ймовірністю можуть розпочати цінову війну, можуть мати негативний вплив на прибутковість компанії.

- **Регуляторне середовище.** Еволюція нормативно-правових актів також може створювати загрозу, якщо структура не готова протистояти їм. Однак у певних випадках це дозволяє компаніям уникати своїх конкурентів, якщо вони менш підготовлені до конкуренції.

Тепер, коли Ви розумієте теоретичні основи SWOT-аналізу, Ви можете трохи розважитися і створити свій власний аналіз як студент або працівник. Наприклад, якщо ви перебуваєте в середині свого навчання, ви можете мати відмінні загальні знання (сильна сторона), але у вас іноді виникають проблеми з письмовим вираженням своїх ідей (слабка сторона). Будучи студентом, ви маєте доступ до значної кількості варіантів, таких як Erasmus або стажування (можливості). Однак зміни у вартості життя, на жаль, можуть спричинити для Вас проблеми (загроза).

ОБМЕЖЕННЯ ТА ПРОДОВЖЕННЯ

КРИТИКА

Теоретики і практики загалом погоджуються, що результати SWOT-аналізу можуть призвести до швидкого аналізу ситуації, який залишається приблизним і неповним. Крім того, різні аспекти SWOT-аналізу не обов'язково виключають один одного.

Наприклад, нове регулювання може сприйматися як загроза або можливість для бізнесу. Консультанти Террі Хілл та Рой Вестбрук опублікували фундаментальну роботу «SWOT-аналіз: Час для відкликання продукту», в якій висвітлюються притаманні SWOT-аналізу обмеження.

- По-перше, він залишається по суті описовим. У деяких випадках це робить його неефективним, оскільки він так чи інакше не орієнтує процес прийняття рішень. Діагностика SWOT-аналізу може бути чудовою, але якщо рішення, прийняті заздалегідь, не є правильними або неправильно впроваджуються, він не приносить користі. Таким чином, ми бачимо, що SWOT-аналіз насправді не є засобом конкурентної переваги.

- Ми не можемо ігнорувати витрати, пов'язані з проведенням SWOT-аналізу, оскільки він вимагає оплати послуг внутрішніх та/або зовнішніх консультантів. Іноді бажано не бути обмеженим управлінською моделлю, яка обмежує творчість.

- Інший ризик пов'язаний з тим, що виявлені фактори за результатами SWOT-аналізу не розставляються за ступенем важливості, а увага зосереджується на несуттєвих деталях. Крім втрати часу, це може мати катастрофічні наслідки для організації, якщо вона витрачатиме ресурси на усунення незначних проблем.

ІНШІ МОДЕЛІ

Існують й інші моделі, які видаються настільки ж ефективними, як і SWOT-аналіз, і так само сприяють прийняттю рішень. Наприклад, аналіз п'яти сил Майкла Е. Портера (американський університетський викладач, нар. 1947 р.) оцінює обмеження, на які наражається галузь. Інші зосереджуються на стратегічній взаємодії між конкурентами (наприклад, рішення, пов'язані з обсягами виробництва та встановленням цін). Вони забезпечують менш комплексний підхід, але все ще є потужними інструментами для оцінки сили конкуренції в межах відповідних галузей.

П'ять сил Портера

Модель п'яти сил Портера дозволяє компанії проаналізувати своє конкурентне середовище. Вона визначає п'ять сил, які здатні впливати на конкурентний ландшафт галузі.

- Найбільш очевидним обмеженням, з яким стикається компанія, є **наявність прямих конкурентів**. Однак інтенсивність суперництва між компаніями не залежить систематично від кількості компаній, що конкурують між собою: можливо, що дві компанії в галузі A можуть вести цінову боротьбу, в той час як чотири компанії в галузі B утворюють стабільний і прибутковий картель.

- **Загроза появи нових учасників** також може утримувати компанію від встановлення високих цін, навіть якщо вона є монополістом. Ця загроза не завжди є правдоподібною, якщо існують значні бар'єри на вході та виході з галузі, і в цьому випадку віддача є незначною. Деякі компанії інвестують у надлишкові потужності, щоб виробляти більше у випадку появи конкурента (що ефективно знижує ціни та зменшує прибутки нових учасників). Нові гравці, які, як правило, знають про ці надлишкові потужності, менш схильні до запуску.

- Компанії повинні знати про **продукти та послуги, які можуть їх замінити**. Якщо розглядати приклад середньо- та далекомагістральних перевезень (від 300 до 1000 км), то швидкісні поїзди стали серйозною заміною авіаперевезень у Західній Європі за останні кілька десятиліть (що призвело до раціоналізації авіаційного сектору з появою лоукостерів, таких як Ryanair та easyJet).

- **Сила переговорів між постачальниками та клієнтами** може мати вирішальний вплив на прибутковість компанії. Загалом, можна сказати, що клієнти та постачальники можуть отримати кращі ціни, коли на ринку є лише декілька компаній та з'являються потенційні нові учасники.

Олігополістична конкуренція та наявність картелів

Деякі економічні моделі дозволяють зосередитися на стратегічній взаємодії між компаніями.

- **Модель Антуана Огюстена Курно** (французький математик і філософ, 1801-1877) була створена для аналізу олігополістичної конкуренції (належить до ринку, що характеризується невеликою кількістю продавців для великої кількості покупців). Як правило, він використовується до тих пір, поки компанії не вирішать, в яких обсягах виробляти продукцію — рішення, прийняте з точки зору впливу на цінову політику. Активним компаніям в автомобільній промисловості, наприклад, важко нарощувати свої короткострокові виробничі потужності (будівництво заводу потребує часу). Для ряду конкурентів тиск конкуренції в галузі типу Курно, як правило, вважається середнім та обмеженим.

- Навпаки, **модель Жозефа Луї Франсуа Бертрана** (французький математик і економіст, 1822-1900) використовується до тих пір, поки компанії не визначаться з рівнем цін і не зможуть з легкістю збільшувати або зменшувати кількість виробленої продукції. Поки існує конкуренція, як описує Бертран, достатньо двох компаній, щоб утримувати прибутки на низькому рівні, тому що вони неминуче опиняться в ціновій боротьбі. Ця модель в основному використовується компаніями в галузях, де легко змінювати короткострокові обсяги виробництва, пов'язані з такою конкуренцією (наприклад, текстильна промисловість). Загалом, якщо є принаймні два конкуренти, тиск конкуренції в галузі за моделлю Бертрана є дуже сильним. Тому такі галузі є менш привабливими з самого початку.

- Також можлива ситуація, коли активні конкуренти в межах галузі – хоча це і є незаконним – прямо домовляються про обмеження конкуренції. Це називається **організованою картельною змовою**. Неформальні угоди не є незаконними і їх, за визначенням, неможливо довести. Якщо картель є стабільним, то спільний прибуток зацікавлених компаній дорівнюватиме прибутку монополіста. Таким чином, утворенню картелю сприяють наступні умови:

  - невелика кількість компаній;

  - здатність швидко виявляти і карати тих, хто не дотримується угоди;

  - достатнє терпіння компаній-учасників угоди.

ПРАКТИЧНЕ ЗАСТОСУВАННЯ

П'ЯТЬ КРОКІВ ДО УСПІХУ ЗА ДОПОМОГОЮ SWOT-АНАЛІЗУ

1. **Визначте сильні сторони.** Визначте елементи, які мають позитивний вплив на діяльність організації та пов'язані з внутрішнім функціонуванням. Як зазначалося в розділі, присвяченому представленню моделі, корисно ретельно провести цю ідентифікацію, поєднуючи те, що характеризує фінансове становище організації, ефективність її каналу розподілу, імідж її бренду тощо.

2. **Визначте слабкі сторони.** Далі визначте елементи, які мають негативний вплив на результати діяльності організації, а також ті, що пов'язані з внутрішнім функціонуванням. Слабка здатність до інновацій, погана комунікація та нездатність знижувати витрати, як це роблять інші конкуренти, є слабкими сторонами, які негативно впливають на результати діяльності організації.

3. **Визначення можливостей.** При розгляді можливостей, які пропонує певне середовище, вони є зовнішніми факторами організації, які можуть мати позитивний вплив. Аспекти, які необхідно дослідити, є більш-менш специфічними для кожної організації (конкуренція, економічний контекст, правові та демографічні умови і т.д.).

4. **Ідентифікація загроз.** При виявленні загроз у визначеному середовищі корисно проаналізувати зовнішні фактори організації, які можуть мати негативний вплив. Знову ж таки, елементи, що потребують дослідження, залежать від характеру кожної організації.

5. **Розробити стратегію.** Після того, як всі внутрішні та зовнішні фактори визначені, можна починати фазу прийняття рішень. Іноді це може мати форму довгострокового стратегічного планування. В інших випадках SWOT-аналіз лише прискорить процес прийняття рішень, враховуючи контекст, в якому розвивається організація.

ПОРАДИ

- Важливо підкріплювати свої висновки цифрами, даними та фактами. Занадто швидкий діагноз — це ідеальний спосіб прийняти неправильне рішення.

- Якщо можливо, намагайтеся також підкріпити кожну сильну і слабку сторону, можливість і загрозу. Це усуває несуттєві фактори, які не мають корисного впливу на прийняття рішень.

- SWOT-аналіз є цінним лише тоді, коли він використовується на повну потужність. Важливо забезпечити належне виконання прийнятих рішень.

- Приймаючи рішення за результатами SWOT-аналізу, зосередьте всі зусилля на тих рішеннях, які організація здатна впроваджувати або контролювати.

ПРАКТИЧНИЙ ПРИКЛАД – ОРГАНІЗАЦІЯ ТУРИЗМУ НА ПІВДНІ ФРАНЦІЇ

У цьому розділі ми розглянемо приклад SWOT-аналізу. Досліджувана організація є невеликою туристичною організацією, якою керує подружжя. Вони володіють трьома гостьовими будинками, розташованими на півдні Франції, на кордоні Альп і Провансу. Визначені як туристична організація, вони залучають клієнтську базу, яка в основному є іноземною, особливо влітку. Однією з основних проблем, що впливають на цю туристичну організацію, є нерівномірність попиту в залежності від сезону. Рівень заповнюваності близький до 100% у липні та серпні, але ледве досягає 30% протягом решти року. Проблема заповнюваності безпосередньо пов'язана із зовнішнім середовищем підприємства, оскільки, зрозуміло, що подружжя, яке керує гостьовими будинками, не має жодного контролю над датами відпочинку клієнтів. Однак є інші фактори, які можна коригувати і, таким чином, контролювати всередині компанії, щоб впливати на вибір туристів.

Давайте розглянемо, як SWOT-аналіз може допомогти покращити цю туристичну організацію.

Аналіз зовнішнього середовища компанії – загрози та можливості

- За останні кілька років **еволюція нормативно-правових актів мала** значний вплив на становище цієї невеликої організації. Вони є реальним обмеженням у тому сенсі, що власники іноді повинні витрачати великі суми грошей, щоб їх задовольнити. Ми можемо, наприклад, подумати про нові правила безпеки, які іноді застосовуються аналогічно до великих готелів, оскільки вони отримують вигоду від значної економії на масштабах (середня вартість одного номера для виконання правил зменшується зі збільшенням кількості номерів) і, як правило, володіють більш сучасними будівлями.

- **Розвиток фіскальної політики** в іноземній державі часто може мати вирішальний вплив на діяльність компанії, хоча і непрямим чином. У випадку з цією туристичною організацією, яка приваблює низку бельгійських клієнтів з більш заможним соціально-професійним профілем, цілком можливо, що коригування бельгійського оподаткування службових автомобілів призвело до зниження рівня заповнюваності готелів. Фактично, видається, що фіскальна реформа, про яку йдеться, зробила допомогу на службові автомобілі менш цікавою для бельгійських компаній, які здебільшого надають безкоштовний бензин для співробітників, які користуються таким транспортним засобом. Використання автомобіля для поїздок на південь Франції є особливо корисним для бельгійців, особливо тих, хто має малолітніх дітей. Крім того, у випадку, якщо ця система використовується менше, клієнти схильні змінювати свої звички і, водночас, замислюються про інші види транспорту та інші напрямки, які є більш віддаленими і менш екзотичними. Останній пункт призводить до проблеми заміщення продуктів та послуг, розроблених у моделі п'яти сил Портера (наприклад, подорожі літаком, для яких відносна ціна становить значну конкуренцію).

- **Розвиток технологій** є як можливістю, так і загрозою для молодих пар. Впровадження веб-сайтів, які дозволяють користувачам бронювати кімнату безпосередньо – оминаючи власників – значно змінило управління гостьовими будинками. Ця технологічна революція створює можливості в тому сенсі, що ці сайти збільшують видимість і можуть полегшити контакт між власниками і туристами. На жаль, часто буває важко контролювати свою онлайн-репутацію при використанні цих сервісів. Дедалі частіша звичка туристів використовувати ці веб-сайти для бронювання номерів призвела до майже повного зникнення паперових путівників, в яких часто добре згадується туристична інфраструктура.

- **Роль органів публічної влади у просуванні туризму в регіоні.** Органи публічної влади мають значний вплив на привабливість регіону. У випадку з цим туристичним закладом, наприклад, підтримка та просування навколишніх місць та/або заходів (наприклад, місць природної краси, разових спортивних заходів тощо) з боку місцевої влади може залучити більше клієнтів.

- **Доступність повітряним, залізничним та автомобільним транспортом.** Враховуючи труднощі, пов'язані з доступом до їх створення, рекомендується, щоб керівники підтримували розробку інвестиційних пропозицій у транспортну інфраструктуру (наприклад, автомагістралі, залізничні лінії, аеропортові термінали тощо).

- **Несприятливе економічне середовище,** пов'язане з кризою, очевидно, мало прямий негативний вплив на бажання туристів їхати на відпочинок: очікуваний бюджет витрат фактично виглядає менш важливим, ніж у 2008 році. З іншого боку, довгоочікуване повернення економічного зростання може позитивно вплинути на становище цього закладу.

Аналіз внутрішнього середовища організації – сильні та слабкі сторони

- **Задоволеність туристів.** Рівень задоволеності туристів є добрим. Це не тільки ознака успішної організації, але й важливо, оскільки це приваблює нових клієнтів за допомогою сарафанного радіо та створеної в результаті репутації в Інтернеті (гарний імідж бренду в Інтернеті). Багато туристів можуть стати лояльними клієнтами і повертатися щороку. Деякі навіть стають справжніми послами закладу і заохочують своїх друзів та родичів їхати туди на відпочинок.

- **Розташування туристичного закладу** є одночасно привабливим і відштовхуючим. Географічна ізольованість місця приваблює певний тип туристів, які хочуть відпочити в спокійній обстановці, і в цьому випадку цей заклад є ідеальним. Таке розташування можна також розглядати як слабку сторону в тому сенсі, що до пансіонатів важко дістатися громадським транспортом і вони знаходяться далеко від об'єктів інфраструктури (супермаркетів, ресторанів і т.д.). Крім того, регіон не дуже добре відомий серед туристів.

- **Близькість до заходів та туристичних послуг.** Наявність різноманітних спортивних заходів, у тому числі сезонних (пішохідні маршрути та гірські велосипеди влітку; катання на лижах взимку) поблизу місця проживання є безперечною перевагою для організації. Крім того, організація комплексного харчування також може сприяти контактуванню туристів між собою. Багато з них цінують цей соціальний контакт, навіть якщо дехто віддає перевагу усамітненню.

- **Профіль клієнтів.** Наразі організація залучає переважно приватних осіб. Було б цікаво залучити іншу клієнтську базу. Можливим рішенням може бути налагодження контактів з компаніями, які бажають організовувати семінари та/або тімбілдинги. Іншою можливістю є співпраця з постачальниками туристичних послуг, наприклад, туристичними організаціями.

- **Якість інтернет-зв'язку.** Інтернет-з'єднання є повільним через ізольоване розташування, що є значним недоліком у цю цифрову еру.

SWOT-аналіз дозволив нам визначити певну кількість сильних і слабких сторін, можливостей і загроз організації. Тепер давайте подивимося, як поєднання цих елементів може призвести до прийняття ефективних стратегічних рішень. З цього моменту це можливо:

- **Скористатися можливостями. Розвиток** технологій може бути використаний для підвищення видимості, яку пропонує Інтернет. Організації було б розумно зареєструвати свої пансіонати на доступних платформах, де потенційні клієнти (люди, які шукають віддалене місце для відпочинку) зможуть їх знайти. Враховуючи, що споживачі мають нижчий бюджет на відпочинок, ніж раніше, організації було б корисно адаптувати свою цінову політику, особливо використовуючи можливості, які пропонують нові технології (наприклад, пропозиції в останню хвилину).

- **Передбачати загрози.** Навіть якщо еволюцію регуляторної бази можна вважати короткостроковою загрозою, вона також є перешкодою для розвитку нових структур. У довгостроковій перспективі вони сформують відмінний бар'єр на вході і дозволять тим, хто адаптується до нової регуляторної бази, отримати вигоду від стабільності в умовах конкуренції.

- **Посилення сильних сторін. Сарафанне радіо** може бути найефективнішим методом, якщо організація краще спілкується зі своїми постійними клієнтами, щоб залучити їх в інші сезони. Їхню лояльність можна також використовувати через соціальні мережі.

- **Виправити деякі слабкі сторони.** Для диверсифікації клієнтської бази підприємство могло б запропонувати перебування корпоративним клієнтам (організувати перебування на професійний семінар або тематичне перебування, пов'язане з гастрономією, спортом або будь-яким іншим еквівалентом).

Могли б бути прийняті й інші рішення, могли б бути враховані інші думки, але, зрештою, все залежатиме від пріоритетів, визначених тими, хто відповідає за організацію.

РЕЗЮМЕ

- SWOT-аналіз передбачає аналіз факторів, які впливають (позитивно чи негативно) на внутрішнє функціонування та зовнішнє середовище організації, якою може бути бізнес, об'єднання або орган державного управління.

- Сильні та слабкі сторони – це показники, які організація може контролювати. Конкурентоспроможність за витратами, очевидно, відіграє визначальну роль в успіху бізнесу. Ніколи не слід недооцінювати роль, яку відіграє конкуренція в інших аспектах, зокрема, у здатності до інновацій.

- Можливості та загрози пов'язані із зовнішнім середовищем організації і не можуть контролюватися нею. Вони часто вважаються економічними (зростання або рецесія), але важливо не ігнорувати інші аспекти, які є більш специфічними для галузі (зміна потреб клієнтів, конкурентне середовище та нормативно-правові акти).

- Вивчення сильних і слабких сторін, можливостей і загроз має призвести до прийняття рішень або ухвалення стратегічних планів.

- Кілька порад щодо проведення SWOT-аналізу: Подумайте про те, щоб базувати його на фактах, а не на інституціях. Дуже важливо підкріпити свій аналіз реальними цифрами (наприклад, фінансовими даними).

- SWOT-аналіз наразі є дуже популярним методом, особливо в маркетингових відділах великих компаній.

- Його простота залишається палицею з двома кінцями. Деякі автори показали, що використання SWOT-аналізу іноді може мати негативний вплив на результати діяльності організації. Негативними наслідками можуть бути недостатня ретельність або невідповідність аналізу рекомендованому стратегічному плану дій (за Террі Хіллом та Роєм Вестбруком).

- Були розроблені й інші моделі, що сприяють налагодженню стратегічного планування:

  ○ модель п'яти сил, створена Майклом Е. Портером наприкінці сімдесятих років, фокусується переважно на обмеженнях, які негативно впливають на прибутковість бізнесу;

  ○ інші альтернативи SWOT-аналізу, розроблені у 19 столітті, моделі французьких економістів Антуана Огюстена Курно та Жозефа Бертрана, дають змогу провести ґрунтовний аналіз конкуренції у необхідному контексті.

ЧИТАТИ ДАЛІ

БІБЛІОГРАФІЯ

BCV. (2015) *D'une idée à un plan*. [Онлайн]. [Accessed 6 June 2014]. Режим доступу: <http://www.bcv.ch/fr/entreprises/outils_et_conseils/creer_votre_entreprise/d_une_idee_a_un_plan/votre_produit_ou_service_a_t_il_un_potentiel_de_vente_sur_le_marche/preparer_une_analyse_swot>.

Bouvier-Patron, P. (2011) *Entreprise et innovation. Vers l'inter-organisation innovante responsable ?* Paris: L'Harmattan.

Codex Celo. (2010) *L'art de (bien) utiliser une matrice SWOT pour convaincre*. [Онлайн]. [Доступно 6 червня 2014 року]. Режим доступу: <http://www.ilikepm.com/2010/08/02/lart-de-bien-utiliser-une-matrice-swot-pour-convaincre/>.

Європейська Комісія. (2008) *L'analyse SWOT*. [Онлайн]. [Доступно 6 червня 2014 року]. Доступно з Інтернет-архіву: <https://web.archive.org/web/20080913090043/http://ec.europa.eu/europeaid/evaluation/methodology/examples/too_swo_res_fr.pdf>.

Хелмс, М.М. (2013) Енциклопедія теорії управління. Концепція SWOT-аналізу. *Sage* Knowledge. [Онлайн]. [Доступно 6 червня 2014]. Режим доступу: <http://www.sagepub.com/gray3e/study/chapter3/Encyclopaedia%20entries/SWOT_Analysis_Framework.pdf>.

Хілл, Т. та Вестбрук, Р. (1997) SWOT-аналіз: Час для відкликання продукту. Довгострокове *планування*. 30(1), с. 46-52.

Ламбен, Ж.-Ж. та де Мурлуз, К. (2008) *Маркетинг стратегічний та операційний. Du marketing à l'orientation-marché*. [7-е видання]. Paris: Dunod.

Ловенд, Е.П., Крістенсен, Р., Ендрюс, К. и Гут, В. (1965) *Бізнес-політика – текст і кейси*. Хоумвуд: Ірвін.

Майрхофер, У. (2007) *Стратегія управління*. Paris: Bréal.

Портер, М. Е. (2008) П'ять конкурентних сил, що формують стратегію. *Harvard Business Review*. Режим доступу: <https://hbr.org/2008/01/the-five-competitive-forces-that-shape-strategy?cm_sp=Article-_-Links-_-Comment>.

Руссо, Б. (Без даты) Аналіз SWOT. *ANDLIL*. [Онлайн]. [Доступно 6 червня 2014]. Available from: <http://www.andlil.com/analyses-swot/>.

Університет Квебеку в Монреалі. (2014) *Fiche technique. L'analyse SWOT*. [Онлайн]. [Доступно 6 червня 2014 року]. Доступно з Інтернет-архіву: <https://web.archive.org/web/20120710011319/http://www.er.uqam.ca/nobel/r20014/methodologie/SWOT.PDF>.

Van Laethem, N. (2010) L'analyse SWOT : 10 conseils pour la réussir. *Le blog de la stratégie marketing*. [Онлайн]. [Accessed 6 June 2014]. Available from: <http://www.marketing-strategie.fr/2010/05/15/10-conseils-pour-reussir-lanalyse-s-w-o-t/>.

Вар'ян, Х. (2011) Вступ до *мікроекономіки*. [7-е видання] Брюссель: De Boeck.

Майстер ISBN: 9782808601085
Паперовий ISBN: 9782808602532
Юридичний депозит: D/2022/12603/254

Цифровий дизайн: Primento,
цифровий партнер видавництва.